スポーツと言葉

スポーツで知る、人を動かす言葉

スポーツアナリスト・
元NHKアナウンサー

西田善夫

カバー・本文装幀／浅田　博

写真提供：共同通信社／有限会社 オフィス・ゼン

はじめに

「日本ではつい最近まで、スポーツともっとも縁遠いものが言葉だったような気がする」とは、2000年8月26日の日本経済新聞夕刊のコラム『鐘』に引用された言葉です。このコラムは、ある著書から一文を引き出し、新聞の編集委員がコメントをしていくというもの。同年5月に上梓した私の著書、『スポーツが面白くなる見方』（講談社）を取り上げたものですが、コラムに書かれていた意見は私と同じ方向で、たいへん心強く読みました。長いですが、ここに全文を掲載します。

鐘

「日本ではつい最近まで、スポーツともっとも縁遠いものが言葉だったような気がする」（西田善夫著「スポーツが面白くなる見方」）

×　　×

テレビのスポーツ中継は音声を絞ってみるという知り合いがいる。「見ていれば分かることを、アナウンサーが大声でわめくからしらける」というのだ。

確かに、野球なら説明がなくてもある程度の理解ができる。しかし、普段なじみのないスポーツとなれば、解説や本人の談話があればやはり助かる。

シドニー五輪まであと二十日。報道にも熱がこもってきた。テレビの場合本番の五輪放送を、元選手と芸能人のセットで伝える演出が目につく。五輪もバラエティの対象になってきたのだろうか。

肉体の言語であるスポーツを、言葉に置き換える作業ほど難しいものはない。それができる可能性を秘めているのは選手だが、現役の間は語る努力は後回しになりがちだ。言葉は少なくてもいい。シドニーではぜひ、深く力のあるメッセージを聞きたい。

（蹴）

確かにスポーツと言葉は、一般には、一番縁遠いもの、一番かけ離れているものだと思われているに違いありません。

スポーツは見て覚えろとか、人の技を盗めとか言われますが、見て覚えられるものなら、週末のゴルフ中継に夢中になっている人は、とっくにシングルになっているはずです。しかし、どの家のお父さんも、シングルどころかスコア１００すら切れないのが実情です。

それは、中学や高校時代のクラブ活動でも同じでしょう。部室でチームメイトとスポーツの話をしているときに、監督やコーチ、先生が一緒になって、その話に加わってくれたことがあったでしょうか？　ほとんどが「お喋りしている時間があったら練習しろ、暇があったら走ってこい」と片付けられたと思います。

このように、特に日本では、スポーツの中の会話は必要ないとされてきました。しかしスポーツ指導で何が大切なのか？　それは言葉による指導です。本来、スポーツの要となるべきものは、言葉、アドバイス、そして会話なのではないかと思います。

しかし、言葉には大きな落とし穴も存在します。言葉は言ってしまったらおしまいです。おしまいと同時に、すぐ消えます。

指導者からすると、リハーサルなしで喋れてしまうのが話し言葉です。思いつきやヒラメキだけでも話は出来てしまいます。その点、文章は違います。少なくとも読み直すでしょうし、パソコンならば、言葉の置き換えもするでしょう。そこには自然と推敲があるのですが、話し言葉は、そうはいきません。

聞く側からすれば、一昨日言ったことが右で、昨日は左、今日は右になっていたら、どっちにしたらよいものかわからなくなってしまいます。右から左、また右……。要領のいいヤツは真ん中にするかもしれませんが、次元が違います。

指導者の言葉には、話し始めから終わりまで一貫したものがなければなりません。それこそ、スポーツにとって言葉よりも縁遠い「哲学」がなければなりません。本当の言葉の中には、哲学があるのです。

私は、スポーツ選手の言葉に対する感覚は、非常に優れていると感じています。

スポーツ選手の根底にはパフォーマンスがあります。それが自分のためであろうと、チームのためであろうと、「見せる」ことにかけての才能は豊富ですし、意欲もあって当たり前です。同様に彼らは、「聞かせる」ことに関しても才能と意欲があると思います。確かに選手には、無口な者もいれば、口下手な者もいるでしょう。しかし、

スポーツ選手へのインタビューを経験した立場から振り返ると、ほとんどの選手が言葉に対して高い意識を持っていると感じるのです。

私は、NHKのアナウンサーとしての現役時代に、多くのスポーツ選手や監督にインタビューをしてきました。しかし、面白いもので、自分が聞き手になったときは、あまり感動しないものなのです。なぜかといいますと、話を聞きながら「えーと、

あと何秒かな?」「さて、次の質問は何にしよう?」などと考えていることが多いからです。インタビューが心に残るのは、質問の聞き手よりも放送の聞き手である方が圧倒的に多いようです。

これまで私が見聞きしたインタビューや、リラックスした雰囲気の中で行われた雑談の数々から、「スポーツ選手と言葉」、あるいは「スポーツ指導者と言葉」といったテーマで、印象的だったものをいくつかご紹介していきたいと思います。スポーツと言葉は決して無縁なものではないということを、読者のみなさんにも感じていただければ幸いです。

目次

Extra

インタビュアーが引き出したあの名言……
有森裕子のコメントに秘められた、強烈な意志の力

"言い訳"から始まった不思議なコメント

「メダルの色は銅かもしれませんけど、終わった後で、なんで頑張らなかったのだろうと思うレースはしたくなかったし、今回はそう思っていませんし。初めて自分で自分を褒めたいと思います」

アトランタ・オリンピックの女子マラソンで3位に入賞した直後のインタビューでの言葉……

1996年に開催されたアトランタ・オリンピックの女子マラソンで、第3位になった有森裕子選手のコメントは、私たちに強烈な印象を与えました。

「メダルの色は銅かもしれませんけど、終わった後で、なんで頑張らなかったのだろうと思うレースはしたくなかったし、今回はそう思っていませんし。初めて自分で自分を褒めたいと思います」

この「自分で自分を褒めたいと思います」が、その年の流行語大賞を受賞しました。ちなみに、セントラルリーグで逆転優勝を飾ったジャイアンツの長嶋茂雄監督（当時）の言葉、「メークドラマ」も、大賞に輝きました。

このインタビューが耳を惹きつけるのは、まず言い訳で始まっていることでしょう。今流に言えばエクスキューズでしょうか。

「メダルの色は銅かもしれませんけど……」

4年前のバルセロナ・オリンピックで銀メダルを取った選手が、同じ種目で期待されるメダルの色は、銅ではありません。「私は負けましたが」と言っているのと同じことです。

「終わった後で、なんで頑張らなかったのだろうと思うレースはしたくなかったし……」

これはちょっと説明がいります。有森選手は20キロまでトップグループできていました。アトランタ郊外のオグルソープ大学構内に入る折り返し地点の近くで、エチオピアのロバという無名選手が飛び出したのです。

放送ではロバの年齢は17歳から始まって、28歳になったり20歳になったり、情報が混乱していました。当時は、それほど無名なランナーだったのです。

オリンピックのマラソン放送で、アナウンサーがテレビ中継車の上から実況していると思っている方は、もう少ないと思います。参加選手86人、放送している国が50カ国あったら、放送車で溢れて選手が走るスペースはありません。代表取材で16の画面が送られてきます。第1、第2、第3放送車の映像、定点観測と呼ぶ5キロ、10キロ、15キロ地点のレースに添って変わってゆく映像、ヘリコプター、オートバイなどの映像が、常時16画面に映し出されます。それを各国の放送局が自国の選手の映るグループを中心に選択して、それぞれの画面を製作していくのです。

放送センターの中では、各国のアナウンサーが、コメンタリーブースと呼ぶアナウンス室で、映像を見て実況します。横にコンピューターが置いてあり、通過順位が送り出されてきます。そして上位の選手のプロフィールが紹介されるのです。

その紹介で、ロバの年齢が混乱したのです。それほどロバは、ノーマークの選手でした。ちなみに当時の彼女の年齢は、正しくは20歳でした。

そのロバが行ってしまった。折り返し地点を過ぎて、7~8人はいた2位以下のグループが、ジリジリとロバに離されていきました。

そして、32キロ地点で、ついに有森選手がスパートしたのです。

ゴールまでは、まだ10キロ以上もあります。有森選手は人の落ちてくるのを待つタイプで、スパートするには早過ぎるタイミングです。私は「オヤ?」と思いました。結局、いったんは2位に上がった有森選手は、38キロを過ぎて、3位に沈んだのです。

終わった後で取材陣は必ず言います。

「なんで32キロでスパートしたんだ。あそこでジッと我慢していれば、ロバには勝てなくても馬車ぐらいには勝てただろうに」

後講釈は、好き勝手に言うことができるものです。

しかし、このときの有森選手の目は、隣の選手に向けられていました。ロシアのエゴロワという、4年前のバルセロナ・オリンピックで、最後の最後まで有森選手と競ったランナーです。私は現地にいたので、非常に印象に残っているのですが、2人は、ラスト1.2キロの山道を、前になり、後ろになって競っていました。そしてついに有森選手は、競技場入り口で、エゴロワ選手に振り切られるのです。有森選手は、最後は8秒差で敗れ、銀メダルになりました。

8秒差……。アトランタの4年後に行われたシドニー・オリンピックで、高橋尚子選手がルーマニアのシモン選手につけた差が8秒です。女子マラソンにおいては、8秒というのが、ゴール前50メートルで2位を諦めさせることができる、最小の安全圏なのかもしれません。

その有森選手にとって、バルセロナ・オリンピックの最後のスプリントで負けた選手が隣を走っているのです。マラソンは42キロです。有森選手は、あと10キロを使ってエゴロワを振り切ろうとしたのです。女子のマラソンランナーは、いろいろと考えています。どこでサングラスを投げようかと考えているだけではありません。

こうして有森選手は32キロでスパートをかけましたが、お目当てのエゴロワ選手は、さらにしたたかでした。全く有森選手を追おうとしないのです。有森選手の足を知っていますから、追って相手のペースを上げるよりは、自分の射程距離の中に置いてジーっと付いていく方がよいと判断したわけです。

一度抜いてしまったら、10キロ逃げなくてはなりません。逃げる10キロと追う10キロの違いです。

私にもマラソンをしている友人がいます。65歳を過ぎてまで、ホノルルマラソンに参加しているのです。

「西田、お前はマラソンや駅伝の放送をしていたがマラソンの奥深さがわかっていない。マラソンは人生だ」と、彼によく言われます。私は、

「人生かもしれないが、そういうことはコンスタントに5時間を切ってから言ってくれ！」と言い返すことにしています。

しかし、確かに彼の言う通り、マラソンは人生なのです。エゴロワ選手にしてみれば、目標は後ろにあるより前にあった方が走りやすいのです。

エゴロワ選手は、ジリジリとやってきました。そして、38キロで有森選手に近づき、

40キロで逆転してしまいました。

有森選手が言っているのは、そこなのです。

「終わった後で、なんで頑張らなかったのだろうと思うレースはしたくなかったし、今回はそう思っていませんし……」

この言葉には強い自己主張があります。そして「初めて自分で自分を褒めたいと思います」と続けたのです。

インタビュアーが引き出したあの名言……
有森裕子のコメントに秘められた、強烈な意志の力

言葉の裏に隠された、有森裕子の深い思い

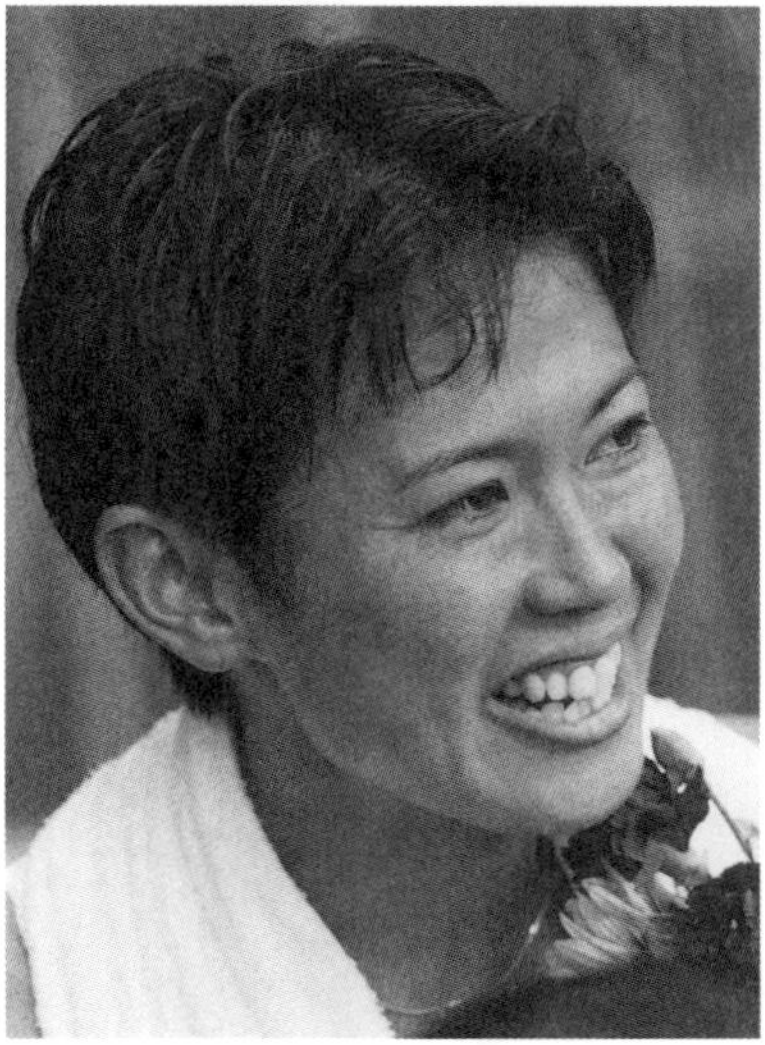

「私は高校時代、始まったばかりの全国都道府県対抗女子駅伝の岡山県代表に選ばれながら、2度とも『補欠』でした。私は大泣きしました。その時にシンガーソングライターの高石友也さんの『完走したら、ゴールインしたら、自分で自分を褒めよう』という言葉を聞いて忘れられないものになったのです」

2003年2月1日のテレビ放送50周年特集番組のインタビューでの言葉……

「初めて自分で自分を褒めたいと思います」

この言葉を聞いて、あれは瀬古のパクリだと言った人が何人かいました。88年のソウル・オリンピックで敗れた瀬古選手が、「初めて自分で自分を褒めてあげたいと思う」と語ったというのです。

私は、スポーツ選手の言葉は、同じ言葉でも、メダルを取った選手と惨敗した選手とでは価値が違うと思っていましたので、パクリだと言う何人かに、こんな話もしました。

「1988年のソウル・オリンピックの時期に有森は何をしていたか知っているか？　春に卒業した日本体育大学で、全日本学生選手権5000メートル6位。稼いだ得点はわずかに3点だ。企業からも、こんな並の選手には勧誘の声がかからない。そこで、自分でリクルート監督に就任したばかりの小出義雄さんの門を叩いて、会社に採用された選手なんだぞ。そんな箸にも棒にもかからない選手でも、瀬古選手の言葉は頭の中に入り込んでいたのだ。夢は瀬古選手と同じオリンピックだったんだぞ……」

よほど熱く話したのでしょう。今でも年に何回か後輩のアナウンサーと食事をすると、「あのときの西田さんは本気で怒ってましたよ。西田さんにはずいぶん叱られたけど、あの言葉だけは覚えているなぁ……」と、言われることがあります。

「それじゃ他の事は何だったんだ」

というのがオチで、笑って終わるのがパターンになっています。

2003年2月1日のテレビ放送50周年の特集でこのインタビューを取り上げたときに、有森選手はこう話していました。

「私は高校時代、始まったばかりの全国都道府県対抗女子駅伝の岡山県代表に選ばれながら、2度とも『補欠』でした。私は大泣きしました。その時にシンガーソングライターの高石友也さんの『完走したら、ゴールインしたら、自分で自分を褒めよう』という言葉を聞いて忘れられないものになったのです」

走ることさえかなわなかったつらさや悔しさを十分に噛みしめてきた有森裕子選手

だからこそ、万感の思いで口にすることができたコメントだったのだと言えるでしょう。

インタビュアーが引き出したあの名言……
有森裕子のコメントに秘められた、強烈な意志の力

スポーツインタビューから学ぶ、話を聞くエッセンス

「西田さん、あれは考えていた言葉ではないのです。アナウンサーの藤井さんに引き出されたのです」

「自分で自分を褒めたい」の言葉について、私との会話の中で……

ワールドカップ・サッカーが終わるまで私が場長を務めていた横浜国際総合競技場では、毎年5月5日のこどもの日に、ＪＡ（全農）が主催する子供の陸上競技大会があります。「ちびりんぴっく」という、なにか子供がおしっこを漏らしてしまったような名称ですが、たいへん多くの参加者が集まる運動会です。

午前中は競技場のある公園を走るマラソン大会、午後は最新の着順判定機を使った１００メートルの記録会が人気種目です。有森さんは、このマラソン大会のために、毎年アメリカから指導に来てくれていました。

その頃上梓した著書『話し上手は聞き上手』（青春出版社）で、私は彼女のインタビューのコメントを取り上げ、「有森選手は、いつどこでこの言葉を考えたのだろうか」と書いていました。その本を、「帰りの機内ででも読んでください」と一冊渡したのですが、まじめな彼女は、昼休みに目を通したようでした。

夕方からの表彰式で、私は競技場の代表としてプレゼンターの一員となりました。

もちろん主役は有森さんです。たまたま彼女とは、表彰式の列で隣り合わせになりました。

そのとき、有森さんは、こう話してくれました。

「西田さん、あれは考えていた言葉ではないのです。アナウンサーの藤井さんに引き出されたのです」

NHKアナウンサーの藤井康生さんは、相撲や競馬を担当している、彼女と同じ岡山県出身のアナウンサーで、前回のバルセロナ・オリンピックの時も、有森選手のインタビュー役でした。

有森さんは、

「藤井さんが相槌を打ってくれなかったのです」

と言いました。確かに、

「メダルの色は銅かもしれませんけど……」

と言ったときに、

「いや、立派でしたよ、有森さん」

と言われたら、次の言葉は出てきませんね。

「終わった後で、なんで頑張らなかったのだろうと思うレースはしたくなかったし
……」

に対して、

「いや、有森さん、素晴らしいマラソンではなかったですか」

と持ち上げられたら、流行語大賞の『名言』は聞けなかったでしょう。


やはり人の話を聞くときには、全体を聞いてこそ情報なのです。調子よく相槌を打つことが、逆に話の腰を折ってしまう。話の穂を切ってはいけないけれど、話の穂を積み重ねてもいけないのです。

たった一つのスポーツのインタビューから、話を聞くことのエッセンスを学ぶこともできるのです。

メディアと言葉……
イチローのコメントに対する、日米の温度差

大リーグファンをも魅了する、イチローのコメント

「打球はまっすぐに僕の方向に飛んできたのですよ。僕が三塁へ投げるのがわかっているのに、どうして三塁へ走ったのでしょうね」

オークランド・アスレチックスの俊足、テレンス・ロングを、中継アナウンサーが「まるでレーザービームだ」と驚いた送球で三塁に刺したときに…

インタビューといえば、イチローが大リーグに渡った２００１年秋、まだペナントレースの最中でプレーオフには入っていなかった頃です。銀座にあった洋書専門店の「イエナ」で、ひげ面のイチローの似顔絵が表紙になっている、小冊子のような小さな本を見つけました。

『Baseball is just Baseball~the understated ICHIRO』、『野球は野球、口数の少ない（寡黙な）イチロー語録』とでも訳しましょうか。シアトルに住んでいる野球ファンで作家のDavid Shields（デイヴィッド・シールズ）氏が書いたものでした。

彼は２００１年の春先から、ケーブルテレビの契約をするかどうかで悩んでいました。地元のマリナーズの野球を毎晩見たいのだが、契約は8歳になる娘のナタリーをアニメ漬けにするリスクもあったのです。

今シーズン好調なスタートを切った、新しいチームプレーを展開するマリナーズの魅力に勝てず、ケーブル会社に2度も見積りをさせて、取り付け工事の日取りまで決めたが、結局2度ともキャンセルするという状態でした。

開幕から10日も経った頃、カーラジオで実況を聞いていたシールズ氏は、試合展開が面白く、矢も楯もたまらずスポーツバーに駆け込んでテレビの前に座りました。

相手はオークランド・アスレチックス。一塁に俊足のテレンス・ロングという走者がいました。次に展開されるシーンは日本でも紹介された、イチローが大リーガーとして受け入れられる契機となった有名なシーンです。

バッターがライト前にヒットを打ちます。一塁走者のロングが二塁を蹴って三塁に走ります。打球を拾い上げたイチローが三塁に投げます。……憶えているでしょう……中継していたアメリカのアナウンサーが、

「まるでレーザービームのようだ！」

そして解説者が、

「『スター・ウォーズ』の一場面だ！」

と叫んだシーンです。

走者のテレンス・ロングはライトが背中になりますから、イチローの送球は見えません。狐につままれたようなロングは、試合後に、

「オレをアウトにするには完璧な送球が必要だった。あれは完璧そのものだった」

と呆れたのです。

同じように試合後にインタビューされたイチローはこう答えています。

「打球はまっすぐに僕の方向に飛んできたのですよ。僕が三塁へ投げるのがわかっているのに、どうして三塁へ走ったのでしょうね」

シールズさんはこのイチローの言葉に惹き付けられたのです。もちろんケーブルテレビとは再契約。それからというもの、テレビ・新聞・雑誌のイチロー語録を追いかけて、イチローがまだオールスターに選ばれる前、6月18日のインタビューまでをまとめて、イチロー語録として出版したのです。

わずか3人目の日本人大リーガーとして来た選手の言葉。

アメリカを日本に置き換えてみたら、メディアは、なんと生意気なことを言う新人だとしか受け止めないでしょう。

どちらかといえばマスコミ嫌い、日本メディアのインタビューも拒否するイチローの言葉にセンスを感じ取ったシールズ氏のセンスに、大リーグファンの感性を知るのです。

この本には、ほかにも興味深いエピソードが満載です。たとえば、相手チームの一塁手で、ホームランバッターのダグ・ミンケビッチが、得意の内野安打で一塁に駆け込んだイチローに言った言葉は、

「僕は君の足が羨ましいよ」というものでした。

それに答えて、イチローはこう言ったそうです。

「僕は君のスイングが羨ましいよ……」

イチローの会話のおもしろさは、私たち日本人のファンよりも、現地の大リーグファンの方がご存知のようです。

2001年のシーズンも終わって、クリスマス近くに、シールズ氏のこの本は日本でも『イチローUSA語録』（集英社新書）として翻訳が出版されましたが、知らない野球ファンも多いようです。もっともっとスポーツのこうした側面に関心を向けたいですね。

しかし、気の利いた言葉だけが魅力とは限りません。毎晩のテレビで見るヤンキース・松井秀喜選手のインタビュー。打ったときは照れくさそうに、打てなかったときも、こちらが気の毒になるほどまじめに答えています。連続試合出場と同じようにいつまでも続いてほしいと思う反面、今日くらいはそっとしておいてあげなさいよと言いたくなる日もあります。

松井選手の誠実な人柄……これもインタビューという会話、まじめな受け答えの言葉を通して私たちに伝わってくるものです。

スポーツ指導者の言葉……
木内幸男監督の人心掌握術

〝迷う〟ことから
逃げない人物

「右が亀谷《かめたに》。コントロールがいいだろう。こっちが佐々木。球は速い。2人足して2で割ったらいいピッチャーなんだがね」

木内監督が取手二高を率いて甲子園に初出場したとき、初戦の先発ピッチャーは決まったかとの私の質問に対して……

私は、高校野球の監督の言葉に魅力を感じます。高校野球の監督とは、野球の指揮はもちろんのこと、選手一人ひとりを育てて、鍛えて、教え、気持ちを掴まなくてはなりません。大変な仕事だと思います。

プロ野球は、選手一人ひとりがプロであり、大人です。技術コンディションはコーチがまとめ、監督は出来上がった駒を動かす。しかし、その責任は重いです。日本中で12しかない椅子です。

高校野球の場合、練習の発表の場は、年間わずか3試合しかありません。翌春の選抜に通じる秋の新人戦と、春の地方大会、そして夏の甲子園へ向けての闘い。しかも、全てトーナメント戦です。一発勝負の厳しさ。その中で情熱を傾ける監督のすごさ。

高校野球の場合は、プロ野球とは異なる厳しさが存在するのです。

今年（２００３年）の夏は甲子園に連泊もしましたし、3度も往復しました。

ＮＨＫラジオでニュース解説をする仕事があったこともありますが、私は、今年の夏が最後の監督生活になると報じられていた、茨城県代表、常総学院・木内幸男監督の"卒業試合"を見たかったのです。いや、試合を見たいというより、卒業する木内監督の話を聞きたかったというのが確かなところかもしれません。甲子園のインタビューは、勝利監督にしかマイクを向ける時間がありませんから、負けた監督の談話は、放送では、リポーターが集約した一言で終わってしまうのです。

結果としては、負けた木内監督の談話はありませんでした。地方大会前の5月に退任を表明して臨んだ最後のシーズンに、甲子園の大舞台で優勝してしまったのです。

なぜそんなに木内監督の卒業試合を追いかけたかって?

あれは1977年の59回大会でした。木内監督が、初めて甲子園に、茨城県立取手二高を率いて出場したときです。コーチ時代は別として、監督20年目にしての初出場ということで、話題になっていました。取手二高は、それまで何度もチャンスを掴みかけては、東関東大会で千葉県の習志野に2度、1県1校になってからは、土浦日大や竜ヶ崎一高に甲子園への夢を絶たれてきました。

その、木内監督にとっての甲子園初試合のテレビ実況を担当したのが私でした。1977年というと、優勝校は兵庫県の東洋大姫路高校。その決勝戦の相手は、バンビと呼ばれ、甲子園アイドルと騒がれた坂本佳一投手（当時1年生）のいた愛知県の東邦高校でした。


1回戦が開幕日の第2試合。取手二高の相手は、静岡・掛川西高校でした。前日、私は取手二高の練習を取材しました。挨拶をして名刺を交換したのを憶えています。

茨城県大会で、取手二高は亀谷投手と佐々木投手という2人の投手を使って勝ち進んできました。担当アナウンサーとしては、明日の先発はどちらかと気にかかります。

私は木内監督に聞きました。

「先発は決まりましたか？」

木内監督はそばのブルペンを指して、

「右が亀谷。コントロールがいいだろう。こっちが佐々木。球は速い。2人足して2で割ったらいいピッチャーなんだがね」

と、茨城弁丸出しで気安く話をしてくれました。

「2人足して2で割ったらいいと言っても、明日には間に合いませんね」

私たち2人は、大笑いしました。

私もジッとブルペンの2人を見ていました。その間、ほかのことも質問しながら取材を続けました。

しばらくして、もう一度聞きました。

「先発は決まりましたか?」

その時の木内監督の答えを、今でも忘れません。

「あんたはどっちがいいと思う?」

30年間高校野球の取材をしてきましたが、先発投手を相談されたのは、後にも先にもこのときだけです。

これは、的確な読みと大胆な選手起用が神髄とされている〝木内マジック〟のイメージからは、想像できない木内監督の姿だといえるでしょう。

木内監督は、決めないでいられる監督、選択に悩むことが出来る監督です。また、先発投手の気持ちになれる監督でもあります。

この「監督」の文字を「人」に替えることが出来ます。「先発は亀谷」と決めることは監督の特権ですから、簡単に決めてしまうことは出来るでしょう。しかし、そうすると「佐々木にしたら……?」という思いを、全部否定することになります。また、早々に当人に告げてしまえば、気の弱い子ならその晩の食事が取れなくなります。

当人を楽にさせてやりたいから告げるというよりは、監督自身が迷いから逃れたいがために早々に告げるということもあるのではないでしょうか。男の決断、というと格好いいですが、現実からの逃避の面だってあります。

私は、木内監督はギリギリまで先発を決めずにいられる人、迷うことから逃げずにいられる人物なのだと思うようになりました。

今年の夏の3回戦、静岡高校との試合では、2年生の仁平《にへい》投手が先発しました。試合後のインタビューを傍らで聞いていたら、「先発は、きょう試合前に言われました」と答えていました。何年経っても、木内監督は、迷うことから逃げないでいられる人であるようです。

スポーツ指導者の言葉……
木内幸男監督の人心掌握術

飄々とした
コメントが、
視聴者の人気に

「私もいつスクイズやらせっかと思ってたら打っちまったんですよ。でも三塁打だったんで、３点入っておつりがきました」

１９８４年夏の準決勝、鎮西戦で1対1に追いついた2回裏、一死満塁のチャンスで、９番の小菅が三塁打を放ったことで、あそこはスクイズもあったのではとの問いに……

それからというものは、監督・木内幸男にいつも注目していました。

その後、取手二高は、甲子園に出てきても、夏も春も1回戦で敗退していました。接戦ですが、仕掛けても仕掛けても相手が乗ってこないといった試合で、1点差、たとえ点差がついても2点差までの惜敗が続きました。

1984年春の選抜は2勝して準々決勝に進みましたが、優勝した東京・岩倉高校に、これも1点差（4対3）で負けました。

その夏です。1回戦で、5年前に春夏連覇をした和歌山・箕島高校と対戦しました。その試合の実況も私が担当でした。3対0と箕島リードで、もう終盤です。7回に取手が反撃しました。相手の失策を足場に、強攻に次ぐ強攻。一挙に5点を取ってひっくり返し、5対3の逆転勝ちとなりました。この強豪突破をきっかけに、福岡・大濠、鹿児島・鹿児島商工、熊本・鎮西と九州勢を連破して、取手二高は快進撃を続けました。

木内監督の試合後のインタビューは、テレビファンの楽しみに変わってきました。土浦には、木内監督インタビュー語録を年代順に色紙に書いて壁に貼ってあるスナックがあるそうです。

しかし、木内監督のインタビューは、聞き手としてはどうかわされるかわからないので、「二の矢」の備えが必要になります。

84年夏の準決勝で、取手二高は鎮西高校に大勝しましたが、きっかけは1対1の同点に追いついた2回裏、一死満塁のチャンスに、9番の小菅選手が右中間に放った三塁打でした。

勝利監督インタビューで、その場面の質問になりました。

「満塁でバッターは9番、スクイズかなと思いましたが」

と私が聞くと、

「私もいつスクイズやらせっかと思ってたら打っちまったんですよ。でも三塁打だったんで、3点入ってお釣りがきました」

と、喜んでいました。

自分で打たせておいて、よくもそんな呑気なことが言えるものだと思いますが、木内監督の人柄からすると、ひょっとすると、本当に偶然だったのかなとも思ったりします。インタビューの聞き手でさえ、こんな風に思わされてしまうのです。

これが相手の監督だったりしたら、木内監督の掌に乗せられてしまったも同じでしょう。

〝木内マジック〟のルーツは、この親しみのある話し方にあるのだと、私は思っています。

それにしても、得点をお釣りにたとえた監督は、高校野球史上、木内監督をおいてほかにないはずです。

スポーツ指導者の言葉……
木内幸男監督の人心掌握術

準優勝旗はある？
それとも、ない？

「おーい、旗が一本しかないんだったら、おまえらやっぱ勝つしかないな」

甲子園の対ＰＬ学園との決勝戦の前日、選手たちとのミーティングで「明日たとえ負けても準優勝旗はもらえるから、気楽にいこう」と選手たちに言ったが、負けたら旗はなく、楯だけだとわかったときに……

その翌日の１９８４年第66回の決勝戦は、前年度優勝の大阪・ＰＬ学園と、茨城・取手二高との対戦となりました。初の決勝進出となった取手二高は、その年の選抜で準々決勝まで勝ち進みましたが、決勝戦は、茨城県勢として初の進出でした。

決勝戦前夜、神戸の宿舎で木内監督は選手全員を集めてミーティングを始めました。準々決勝の前日、須磨の海岸に海水浴に出かけたほどリラックスしていた取手ナインも、決勝戦ともなれば緊張は格別です。ましてや相手のＰＬ学園の主力、桑田真澄選手や清原和博選手はまだ2年生ですが、もう高校球界を代表するスター選手と呼ばれています。一方、取手二高は全員3年生。３年生は2年生には負けたくないものです。運動部体験の方は、よくおわかりでしょう。

木内監督は、ミーティングで話し始めました。

「いいか、明日はいよいよ甲子園の決勝戦だ」

選手は「そんなことわかってらーい」と聞いていています。

「甲子園の決勝と県大会の決勝とは天と地の違いがある」

確かに、甲子園に来てからは毎晩ステーキとトンカツが日替わりで出る。海老のフライも、3匹ものっています。

県大会では、奮発しても500円の駅弁ですから、確かに天と地ほどの違いがあります。選手は納得します。

しかし、そこで木内監督はこんなことを言い出したのです。

「今日こうして甲子園で野球が出来るのは、茨城県大会の決勝で竜ヶ崎一高に勝ったおかげだ」

選手は、「ちょっと待てよ、甲子園の決勝が"地"だとは言わないまでも、天下分け目の一戦は、もう茨城で終わってしまったのかな?」

と思うようになってきたのです。

監督の話はさらに続き、

「明日勝ったからといって、明後日また甲子園で野球をやらせてくれるわけではない」

と言い出しました。

監督とすれば、全国３７００校の中で最後の最後まで残ったのはお前たちとＰＬ学園だ。最後の舞台に立てるのはこの2チームだけだ。よくぞここまできた、と言っているのですが、この論法では選手は納得も理解もできません。

監督の話は続きます。

「旗も2本（優勝旗と準優勝旗）あるそうだから、取手に帰っても格好がつく」

決勝までくれば、結果はともかくとして、取手に帰ってパレードもある。親戚も来るし、もちろん同級生も来る。そのときにキャプテンが手ぶらで帰るより、たとえ小さな旗でも持っていれば格好がつくと言っているのです。決して、負けてもいいと言ってるわけではありません。「だから明日は気楽にやれ」と付け加えたということです。

選手にしてみると、自分たちは全員3年生、相手の主力選手の桑田、清原両選手は2年生。前評判は圧倒的にＰＬ有利です。この監督の言葉を聞いて、自分たちを縛りつけている縄が少し緩んで、手が動かせるかなという程度にはリラックスできたのでした。

翌日、テレビ実況担当だった私は、少し早めに甲子園に行きました。試合が終わったあとはインタビューでごった返す通路には、まだ誰もいなくて、選手の荷物を運ぶ取手二高の関係者と顔を合わせました。

「おはようございます」と声をかけ合って、私は何気なく「昨日の晩は、選手、どうでしたか?」と聞いたのです。

その人が「いやー、いい話を聞きました」と言って、先ほどの話をしてくれたのです。

「おかげで私もよく眠れました……」

取手二高は、選手どころか、先生までよく眠ってしまったのです。

私はこの選手をリラックスさせる言葉に、さすがに木内監督だと敬服しました。

しかし、すぐに間違いに気がつきました。旗が2本あるのは、春の選抜だけなのです。夏は優勝旗一本しかありません。これは、放送する私にとっても大きな問題です。

NHKの中継は、決勝戦の場合、どんなに試合が長引いても、最後の最後まで放送するのです。優勝旗、優勝楯を贈り、優勝メダル、準優勝メダルを選手一人ひとりにかけて表彰式をすませ、「両校、場内一周！」という場内アナウンスがあって選手が外野の芝生の上を縦一列になって歩くシーンまで中継します。

下馬評では、当然PLが優勝するでしょうから、最後の最後になって、ない旗をもらいに取手二高のキャプテンがのこのこ出てきたら……。

しかし、この話を知っている私が、放送中にしらばくれて、「取手二高の選手は、どうしたのでしょう？」と言うわけにもいきません。どうしたものかと困ってしまいましたが、ともかく木内監督に言わなければならない。

普段の甲子園では、7分間のシートノックと呼ばれる守備練習しかできないのですが、決勝戦だけは、午前中も空いているので、当時はフリーバッティングを45分間することが出来ました。その間に木内監督を囲んで、記者やアナウンサーがインタビューをするのです。

この話を切り出せばおもしろい話題にもなるし、取材の雰囲気も和み、取材しやすい。でも、記事になると、「負けても旗がもらえるぞ。2本あるから気楽にやれ」というニュアンスに取られかねない。

結果として敗れれば、関係者で自分も旗は2本あると思っていた人でさえ、「そんなこと知らないで監督をやっていたのか」となって、妙な木内監督排斥運動が起こってもいけませんし、周りに迷惑がかかるといけない。私さえ黙っていればいいことだと思って、何も言わなかったのです。

そうこうしているうちに、取手二高のフリーバッティングが終わって、三塁側からPLが出てきました。スーパースターの桑田、清原両選手たちがいますから、取材陣はみな三塁側に移動してしまいます。一人残らずと言いたいところですが、私だけは一塁側のダッグアウトに残っていました。奥に洗面台があるのですが、そこに立って木内監督が来るのを待っていたのです。

ダッグアウトの取手二高の選手たちはどうかと思って見てみると、全員が、戦う相手をにらみつける目にはなっていませんでした。これには、大きな理由があるのです。

さかのぼること約2か月の6月24日、水戸の県営球場の改装記念に、茨城県高野連がPL学園を招待しました。第1試合は茨城県選抜チームが対戦し、第2試合は、春の県大会で優勝した取手二高が、単独で対戦しました。

そのときのことを、「桑田が投げてくれた」と取手二高の選手は話したのです。「投げてくれた」という言い方が、彼らの本音を表しています。桑田選手が投げるPLと試合をしたということは、彼らにとって最上の自慢だったのです。

「そうか。ヒット打ったか?」

「桑原が打った」

と、私は聞きました。

「何本打ったのか?」

「1本」

「君は?」

と、聞きましたが、そこにいた選手たちは、うつむいたり横を向いたりして誰も答えません。

私は最悪を予想しながら、「スコアはどうだったんだ」と聞いたところ、返ってきた答えは、「13対0」……。

ヒット1本では13点は取れませんから、取手二高が負けたことは明らかです。しかし彼らにとっては、13対0で負けた試合でも、甲子園出場が決まったあと東京から取材に来たおじさんに、あのPLと試合をしたことを自慢したかったのです。

取手二高の選手たちは、あろうことかあるまいことか、2か月後、そのPL学園と甲子園の決勝で当たってしまったわけです。

戻ってきた木内監督は、顔を洗って、腰のポケットからふっくらとしたタオルを出して顔をふこうとしました。私は、周りに人もいないので、話すなら今だと思い、「昨日はミーティングでこういう話をされたそうですね」と言おうとしたのですが、自分に待ったをかけました。

ミーティングの話は、本来は外に漏らしたくないのが当然です。「誰から聞いた？」となると、話をしてくれた先生に迷惑がかかると思ったものですから、単刀直入に、こう言うことにしました。

「木内監督、夏は優勝旗一本しかありませんよ」

それを聞いた木内監督は、よほど驚いたのでしょう。タオルを落としそうになりながら思わず、

「そんなことねーべさ」

と、茨城弁が出ました。

「何年か前に小山高校が決勝戦で負けたけど、でっけえ旗を持って帰ってきた」

と言い張ります。

そうなのです。8年前、栃木・小山高校が広島・崇徳高校と決勝戦で対戦して、5対0で小山高校が負けたのです。木内監督にしてみれば、自分は一度も行ったことのない甲子園で準優勝してきた隣県の、そして同じ県立高校である小山高校の快挙です。練習試合をしたこともあるでしょう。関東大会で当たったこともあるでしょう。

その小山高校の甲子園準優勝は、うらやましくも、悔しくもあったのでしょう。

「木内監督、あれは夏でしたっけ」

と、私は問いかけました。

……沈黙がありました。長い沈黙でした。そのうちに、木内監督がつぶやきました。

「あれは春だ！　選抜だ！」

わかってくれたことはありがたいのですが、なんともがっかりしているのです。私は馬鹿なことを言ってしまったと思いました。これから決勝戦という監督に、負けたチームのことを思い出してもらわなくてもよかったのです。嘘でもいいから、旗は10

本でも20本でもあると言って、朝日新聞の紙の旗でももらってこなければと思いました。

しかし、私は次の質問に救われました。

「それじゃ西田さん、夏は負けたら何をくれるのかい？」

木内監督は、まだ負けることにこだわっているんです。

「楯ですよ」

「楯かい…」

次の質問には驚きました。

「それは、でっかいのけ？」

人間の心理って面白いです。私は、大きいと言うと木内監督が安心してしまうと思いました。圧倒的にＰＬ学園が有利ですから、木内監督に「でっけえ楯があるからいいや」と思われてもいけないし、緊張の糸が切れてしまっても困るのです。

だからといって取手二高に優勝してもらいたいという気持ちも、そんなにありません。

一方で、ＰＬ学園にも連覇してもらいたいという気持ちもありません。

そこが試合を伝える人間としての厳しいところ。10対0の試合よりも、どちらが勝っても構わないから、接戦の試合を放送したいというのが、実況席の本音なのです。

私は、木内監督には緊張してもらわないといけないと思い、「こんなもんですよ」と小さめに言いました。

あとで放送しながら確認したのですが、優勝楯も準優勝楯も同じ大きさなんです。キャプテンが抱えるほどの大きな楯です。

小さな形をとっている私の手元を見て、木内監督は、

「そんなんじゃー、取手に持って帰っても格好がつかないべさ」

と言いました。木内監督とは長い付き合いですが、甲子園で地元に帰ってからの格好の面倒までは見切れないと思ったものですから、私は、

「格好つきませんね」

と突き放すように答えました。

「俺は勘違いしたんだなー、春と夏を」

と言うので、私も、

「そうですね」

と冷たく応じていました。すると、くるっと後ろを振り向いた木内監督は、ＰＬ学園の練習を見ている選手たちの斜め後方から声をかけたのです。

「おーい。旗は一本しかないってよ」

選手はいっせいに後ろを振り向きました。その後、あいつが何か言ったに違いないと、私の方に視線が来ました。アンダーシャツを着替えている選手は、シャツから首が抜ける前にこっちを向きました。どれも目は冷たいのです。

木内監督は私を救ってくれるつもりだったのでしょう。すぐに、

「今、ＮＨＫさんから聞いたんだけど、夏は優勝旗一本しかないんだと」

と言いました。しかし、それは救いでもなんでもありません。責任転嫁そのものです。

私は、この一言で容疑者から真犯人に替わってしまったんです。

私の目の前、ベンチの奥にいた選手が、

「それじゃー、夏は負けたら何がもらえるんだろう?」

すると監督は、「楯だと」と一言。

選手は、楯というと、お父さんがゴルフ大会かマージャン大会かでもらってくるようなペナペナな楯しか考えつきませんから「なーんだ、楯か」ということになったんです。

とても決勝戦を前にしたベンチとは思えないような、なんともほのぼのとした会話でした。

ベンチの一番前に座っている内野の控えの選手がいました。背番号は2桁でした。目の前のPL学園の練習をベンチの一番前で見ていると、椅子が掘り込みになっているので、打球が弾むのが見えるのです。彼は、ジッと見ています。全員3年生ですから、彼にとって来年の甲子園はないのですが、それでもジッと見ています。

しかし、目は前を見ていても、耳は後ろを向いていたようで、ベンチは背もたれが高いので監督の顔が見えないことをいいことに、手前の選手に声をかけました。

「昨日は2本あると言ったよなー」

私にも木内監督にも聞こえるような大きな声です。

木内監督は言いました。

「言った。俺は言ったぞ」

ベンチがシーンとなりました。

「2本あるのは春なんだと。仕方なかんべ、今は夏なんだから」

どうやって落とし前をつけるのかと思いましたら、

「おーい、旗が一本しかないんだったら、おまえらやっぱ勝つしかないな」

選手たちはどっと笑い、私は目頭が熱くなりました。

甲子園のベンチで、試合前にあんな大きな声で笑ったチームはないと思います。当時の阪神タイガースは、笑っている場合ではありませんでしたから。

本来なら、私もＰＬ学園の取材をしに、三塁側に行かなければならない時間でした。

しかし、ＰＬ学園の中村監督の話は前日に聞いていましたし、データも揃っていましたから、取手のベンチで感じた雰囲気を噛みしめたまま、放送席に上がりました。

スポーツ指導者の言葉……
木内幸男監督の人心掌握術

選手に前を向かせる話術

「まだ甲子園で野球やれるんだから、よかったじゃないか」

取手二高対PLの決勝戦で、9回裏に同点に追いつかれて選手たちに言った言葉……

午後0時20分。放送が始まったときには雨が降り出していて、グラウンドが雨水で光っていました。試合開始が40分遅れて、1時10分になると発表されました。

1回表、取手二高の攻撃。外野への打球が濡れた芝でスリップして、取手二高は2点先取しました。その後4対1と取手二高がリードを広げて、8回まできました。満員の場内は、PL学園がこのまま終わるわけはないという雰囲気で、ザワザワしてきました。

8回の裏、PL学園は清原選手がヒットを打ってチャンスを作って2点を返し、4対3。取手のリードは1点になりました。

そして9回の裏。この回さえ守れば茨城県勢の初優勝です。PLは1番、清水哲選手からの攻撃。それまでの5試合のうち、4試合は代打で出て3本ヒットを打っている清水選手は、この決勝戦、3年生最後の試合に、今大会初めてスターティング・ラインナップで出場したのです。

その後同志社大学に進んだ清水選手は、試合中に頸骨を折り、現在は車椅子で生活しています。後輩の桑田、清原両選手がチャリティを開いて車椅子を贈ったのです。清水選手は、筆を口でくわえてワープロを打ち、『桑田、清原ありがとう』という本を出しました。今は、「生きることを話そう」というキャンペーンで、テレビ番組にも時々出てきます。

1点を追うチームの、最終回の先頭バッターはどうするでしょうか。3割打てばよいとするならば、バットを振れば、7割はアウトを覚悟しなければいけないということです。狙いは、やはりフォアボールです。私はツーストライクまで打ってこないと思っていました。しかし、PLの中村監督はしたたかです。その清水選手に「お前にはまっすぐな球が来る、いつ狙ってもいい」と指示しているのです。

フォアボールを出したくないピッチャーは1球目はスライダー。これは見逃しても当然です。次は糸を引いたようなまっすぐな球。それを清水選手は思いっきり振りました。レフトスタンドに入るホームラン。4対4の同点。ピッチャーはすっかり混乱して、次のバッターにデッドボールを与えてしまいました。

3番の、左の鈴木選手が打席に入りました。その後駒沢大学に進み、卒業後神戸製鋼で全日本にも選ばれた選手です。

ノーアウト一塁、さよならのランナーがいます。すると、取手二高の伝令が出て、先発の石田投手をライトに持っていき、左の柏葉投手が出てきました。相手は左バッターとはいえ、バントは読めていますから、私はなんでここで左ピッチャーに代えるのかと思いました。その理由は、左腕の柏葉投手がセットポジションに入るとランナーが正面に見えますし、それに彼は度胸があってランナーをにらみつけるからなのです。

一塁ランナーは松本選手という足の速いランナーでしたが、リードしようと思っても、ピッチャーと目と目が合ったりすると塁に戻ってしまいます。

柏葉投手は、セットして、一つはっきりしたボールを投げました。ボールを投げることによって、PLの反応をベンチの木内監督に見せているのです。そして、次の球のサインが決まります。今度はまっすぐの球で、鈴木選手はバントをしました。バッターボックスの前に転がるボールを拾って、中島捕手はなんの躊躇もなく二塁に投げたのです。間に合ってアウト。そして、ワンナウト、ランナー一塁になりました。

試合後に中島捕手に聞いたところ、木内監督からは、「3歩以内でとったら二塁に放れ」というサインが出ていたそうです。甲子園は雨でグラウンドは重くなっています。中島捕手は1、2、3でとったら二塁に放ればいいわけです。ボールを追いながら、どっちに放ろうかと迷うことはありません。

こうした指示に、監督は自分をかけているのです。かけるというよりも、自分の指示に対する責任感の重さがあるといった方が正しいかもしれません。

ワンナウト、次のバッターは、清原選手です。彼は、この大会の1回戦で、ひと試合に3本塁打を放っています。そこでまたピッチャーを代えました。柏葉投手がライトに行って、ライトで頭を冷やしていた石田投手がマウンドに戻ってきました。この石田投手と清原選手の対決は、ものすごい迫力がありました。清原選手はレフトへ鋭いライナーのファウルを打ちました。開き直った石田投手は直球勝負。清原選手は三振したのです。

ツーアウト、次は桑田選手。彼は勝負強いです。清原選手は甲子園で、高校3年間で13本のホームランを打ちましたが、桑田選手も6本打っています。ヤンキースの松井秀喜選手でも5本です。もっとも、松井選手は打ちたくても敬遠されてしまいましたが……。

桑田選手は勝負強いから、さよならゲームがあるかと思っていました。しかし三塁ゴロに終わり延長戦に入りました。

取手の選手はうつむいて帰ってきます。この回を抑えれば優勝でしたから……。延長戦になれば先攻めは不利です。1点取ったって守らなければならない。取られたら、即、負けです。

木内監督はベンチから出て、腕を組んで、笑いながら言葉をかけていました。すると、選手も笑ったのです。戻った選手に何て言ったのでしょうか？

後で聞いた話ですが、木内監督は選手にこう言ったそうです。

「まだ甲子園で野球やれるんだから、よかったじゃないか」

どこかで聞いた話です。昨日の晩の「こうして甲子園で野球をやれるのは、県大会で竜ヶ崎一高に勝ったおかげだ」という言葉と同じです。

〝甲子園で野球をやろう〟という大目標は、昨日から今日まで少しも変わっていないのです。もっと言ってしまえば、選手たちは二年半前に取手二高という県立高校に入学し、野球部に入部してからずっと、〝甲子園で野球をやる〟という目標が揺らいでないのです。

木内監督は「根性を出せ」とか「男になれ」とは、決して言いません。

「まだ甲子園で野球やれるんだからよかったじゃないか」と言ったら、みな、前だけを見ます。

もし私が監督だったら、ホームランを打たれたピッチャーには「何であんな球を投げたんだ」と言って責めるでしょうし、10回表の先頭バッターには、「死ぬ気で一塁に行け」と言ってしまうでしょう。しかし、これはぼやきと焦りです。

前を向かせる。

小学生の子供の通知表が算数2。お母さんは頭の中が真っ白になって「ケンちゃん、算数2なんか取って……お父さんに見せられませんからね」

大概の家庭ではお父さんが算数2を取っていたことは知らずに結婚しているんです。

「3以上取らないと、知りませんよっ！」

ケンちゃんはお母さんに見捨てられると大変だから、3を取るために算数の勉強をがんばります。小学生が一つの科目に集中したら、当然成績は上がります。次の通知表で「算数上がったよ」とお母さんに見せると、いったんは安心したお母さんは隣の欄を見て、「国語が2では駄目じゃないの」となってしまう。

そんなときに、「ケンちゃん、算数よかったね。今度は国語だね」と通知表を閉じてテーブルの上に置いたら、ケンちゃんは、今度は国語に集中出来ます。お母さんが泣いてわめいて通知表をこすっても、国語の2は3にはなりません。ポイントは、ケンちゃんに前を向かせることなのです。

木内監督は、選手に前を向かせることが出来る人だといえます。「まだ甲子園で野球やれるんだから、よかったじゃないか」と言えば、選手は重圧や後悔から解放されるのです。

スポーツ指導者の言葉……
木内幸男監督の人心掌握術

ホームランの裏にあった、木内監督の賭け

「そうか、そんなにあるのか。だったら、いっぱい人様が見ているんだから、その背筋力というのをちょっくら見せてこい」

取手二高対PLの決勝戦で、延長10回の次打者中島が、背筋力を尋ねた木内監督に210キロと答えたときに……

さて、試合は10回の表、ワンナウト、ランナー一・二塁のチャンスになりました。5番、キャッチャーの中島選手がバッターボックスに入りました。ボールが2球続いたあと、振り遅れのファウル……。

中島選手は、笑顔でベンチを見ました。

木内監督は立ち上がって、ジェスチャーで肩の力を抜けと指示しています。

後で聞いた話では、木内監督は、前の選手がバッターボックスにいるときに中島選手を呼んで聞いていたのです。

「背筋力いくつだ？」

背筋力とは引っ張る力です。彼は210キロ引っ張れるのです。それが特長です。

中島選手は「覚えてくれていないのか」という顔をして、「210キロです」と答えました。すると木内監督は、

「そうか、そんなにあるのか。だったら、いっぱい人様が見ているんだから、その

背筋力というのをちょっくら見せてこい」

と言って、ポーンと腰を叩いてバッターボックスに送り出したそうです。

普通はそういうとき、監督は選手を呼んで、肩に手を回し、うつむきながら「ここはお前に任せた」「俺はお前と心中する」と言います。監督はいくつ命があっても足りません。

しかし、考えてもみてください。お前に任せたと言った人は、すごく気が楽になるでしょう。しかし、お前に任せたと言われた人は、責任を全部背負い込んでしまうのです。監督がバッターボックスに立つのならよいですが、これから立たなければならない、修羅場に出て行く人間に、自分の負担を背負わせてしまう。これほどおろかな指示はないのです。だからといって、自分の気持ちが本当に楽になるわけでもありません。

木内監督は中島選手の性格をもちろんよく知っています。彼は、やがて東洋大学を出て、住友金属鹿島の野球部に入り、キャプテンを経て、今は監督になっています。

さて、中島選手はバッターボックスに入りました。桑田投手は、ワンストライク、ツーボールから高めに投げてきました。当然桑田投手は、中島選手が相当な背筋力の持ち主であることを頭の中にインプットしていますから、高めの球で中島選手を誘ってきているわけです。

一方の中島選手は背筋力のことしか考えていませんから、金属バットを思いきり振りました。ジャストミートです。レフトスタンドに入るホームランです。中島選手は何度も何度も飛び跳ねながら、ダイヤモンドを一周。両足でポーンとホームインしました。これで7対4となりました。

しかし、野球は皮肉です。もし取手二高が後攻めなら、「桑田投手が決勝で打たれたサヨナラホームラン」と語り草になっているはずです。しかし、決勝戦はまだ終わりません。

さらに1点取られてさすがに気落ちした桑田投手は、マウンドから降りました。

そして10回裏のＰＬ学園の攻撃が終わり、初めて取手二高の優勝が決まったのです。取手二高が優勝したというよりも、桑田と清原両選手のいたＰＬ学園が、夏の大会で負けたということが大きい決勝戦でした。

ちなみに翌年、彼らは3年生として夏の甲子園に出場し、優勝します。1年生のときの大阪での予選1回戦から、3年生の甲子園での決勝まで、トータル3年間の夏の選手権大会で、桑田と清原両選手がいたＰＬ学園が負けたのは、取手二高と対戦した１９８４年夏の決勝戦だけだったということになります。

木内監督はこの優勝を置き土産にして常総学院に移り、3年後にまた決勝戦でＰＬ学園と当たりました。立浪選手（中日）、片岡選手（阪神）がＰＬ学園に、常総学院には3番ショートの1年生・仁志選手（巨人）がいました。

この試合ではＰＬ学園が勝ち、木内監督率いる常総学院は準優勝に終わります。それから7年後の１９９４年の選抜でも、決勝で智弁和歌山に敗れ、準優勝となりました。

スポーツ指導者の言葉……
木内幸男監督の人心掌握術

不満や ぼやきとは 無縁の話術

「俺にはガッツがないんだろうか？」

決勝戦までくると、「選手の力でここまできたんだからという思いが強くなり、どうしてもサインが止まってしまう」との思いを話したときに……

私は、現役中にはよく茨城に試合を見に行きましたし、放送で話もしてもらいました。2度目の準優勝に終わったときに、木内監督はこうつぶやきました。

「俺にはガッツがないんだろうか？」

決勝までくると、選手たちの力でここまできたんだから、ここで選手たちに何が出来るかを見てしまう。勝てるチャンスがあるのに、自分のサインは止まってしまい、どこまでやれるかを見てしまう。自分にはガッツがないんだろうか、という意味です。

さらに、優勝と準優勝の違いがこんなに大きいものだとは思わなかった、とも言っていました。「優勝したときの選手は、全体が見えるようなっていた。準優勝で終わったときの選手は、自分が何とかすれば優勝出来ると思うから、プレーが個に走ってしまう」と言うのです。

「俺にはガッツがない」と言う木内監督に、私は、

「木内さんに、選手を押しのけて自分を出そうというガッツというものがあったら、準優勝だって出来ませんよ」

と言うと、

「あんたが後援会長だったら、俺は楽なんだけどなー」

と、笑いながら答えるのです。

「あんたはそう言うけれど」と、普通ならそれからぼやきに入りますが、木内監督には、私が何を言わんとしているのか読み取れるのでしょう。

だから「あんたが後援会長だったら、俺は楽なんだけどなー」と言って、その後は明るい話に変わるのです。だからといって、この言葉は後援会長に対する不満でもなんでもありません。

私は、大事なことはここだと思います。木内監督には、相手の言わんとしていることが聞こえるのでしょう。

スポーツ指導者の言葉……
木内幸男監督の人心掌握術

選手の状態を見て、緊張をほぐす一言をかける

「いつまで未練を持っているんだ。1点でも2点でも取って土産にしたらいいじゃないか」

2001年の選抜大会の1回戦で、和歌山・南部高校に3回までに7対0とリードされて、選手たちに言った言葉。このあとの逆転劇につながった……

木内監督は、ついに2001年の選抜で優勝しました。

印象に残っているのは、1回戦です。和歌山・南部高校を相手に3回まで戦い、7対0とリードされていました。私は、これは木内監督にとって最後の甲子園になるなと思いました。7対0で負けたチームは、夏に激戦の茨城大会で勝って、甲子園に出てくることなど不可能でしょう。相手に舐められてしまうからです。

しかし、7対0とリードされたあと、木内監督は、円陣を組んで何と言ったか？

その試合を取材した記者から聞いたところによると、

「いつまで未練を持っているんだ。1点でも2点でも取って土産にしたらいいじゃないか」

と言ったというのです。

「いつまで未練を持っているんだ」というのも冷たい話ですが、この言葉で腹を立てた選手はいませんでした。選手たちは、逆にこれで安心したのです。溺れてアップアップしているのは俺たちだけだ。監督は選手と一緒になって溺れていない。監督は岸の上から、俺たちのことを見てくれているんだと思ったのでしょう。

7対0というスコアは、逆転するためには満塁ホームランが2本必要です。はっきり言って、絶望に近い点差です。それを「1点でも2点でも取って土産にしたらいいじゃないか」と監督は言った。7点の負担が、1点2点に変わったんです。選手は、気持ちが楽になりました。

常総学院は、次の回に4点取って7対4。次に3点取って7対7と追いついたあと、さらに1点取って8対7と逆転し、ついには逃げ切ったのです。

7対0でリードされている選手を慰めるのは容易です。励ますことだって出来ます。叱るのはもっと簡単でしょう。

しかし、そのときに自分の言った言葉がどう結果に跳ね返ってくるか、それを読めるのが、木内監督という人です。

計算などという小手先のものではありません。ハートが語るなどという甘っちょろいものでもありません。これは、全身でぶつかっていなかったら、相手には通じないものです。

そのとき、木内監督は69歳です。

しかし選手は、いつの時代も15、16、17歳です。

自分のおじいさんと同じような年齢の人に、選手が簡単に自分の気持ちを伝えられるわけはありません。監督は選手が出している情報を、言葉ではなく〝見る〟ことによって聞き取ることが肝心なのです。

また、選手が発している情報を、選択出来るかどうかもポイントです。それが出来なければ、選手を生き返らせる言葉が出てきません。ここに高校野球の監督の、難しさと素晴らしさがあります。

スポーツ指導者の言葉……
木内幸男監督の人心掌握術

「奥さんを引きずり込んではいけないよ」に秘められた意味

「野球はあんただけにしておきなさい。奥さんを引きずり込んではいけないよ」

1988年の第70回大会。初戦の相手で、自分が高校野球の監督になった頃とよく似た経歴の持ち主である長崎・小浜高校の溝田監督に対して、木内監督がアドバイスした言葉……

さて、話はＰＬ学園との2度目の戦いで敗れた翌年、１９８８年の70回大会の組み合わせ抽選会の時にさかのぼります。

開会式直後の第1試合の始球式を、浩宮様（現皇太子殿下）がなさるとの発表がありました。第1試合の先攻ならば1番打者は打席に立てますし、後攻ならば、キャッチャーは宮様の投球を自分のミットで受けられます。いずれにせよ、一生に一度の名誉です。例年ならば開会式直後の第1試合は敬遠されるのに、この年の抽選会の雰囲気は違っていました。どのチームも、第1日目第1試合に注目していたのです。

はじめに、東日本の参加校の主将がクジを引きました。すると、場内にどっと歓声が起こりました。常総学院の春川主将は、見事に第1日目第1試合を引き当てたのです。

次は西日本の参加校の主将が抽選をします。すると、今度は空気がガラリと変わって、その試合を避けたがっている雰囲気になりました。前年度の準優勝チームとは試合をしたくないという本音からです。

ステージの上でキャプテンが別の試合を引くと、観客席に座っているナインが拍手を送ります。

結局、第1日目第1試合のクジを引いたのは、初出場の長崎・小浜《おばま》高校の近藤主将でした。ナインが「ギャー」と、悲鳴にも似た声をあげました。

私は、その試合のテレビ実況の担当になっていました。さっそく、小浜高校の溝田澄夫監督を取材しました。

強豪と当たり、ましてや、開会式直後の選手が落ち着かない状態での試合。さぞ監督の胸の内はと推し量っていたところ、意外や溝田監督は、常総学院との対戦を喜んでいると言うのです。

42歳の溝田監督は、小浜高校がある小浜町の隣の、千々石《ちぢわ》町の衣料品店のご主人で、西南学院大学を卒業後、2年間大学の監督をしていましたが、父親の病気で家業を継ぐことになり帰郷。仕事のかたわら、18年前から小浜高校の監督を務めていた人です。

彼は、自分の野球人生における大きな出来事として、15年前に小浜高校野球部が軟式から硬式になったこと、そして、この甲子園初出場の2つがあると言いました。

溝田監督は、学校の先生ではなく、事務職員でもない、いわゆる校外監督です。これは学校を職場としない野球部の監督を指す言葉で、木内監督が、28年間取手二高の監督をしていたときと同じ環境にあります。

溝田監督にとって、木内監督の、土浦一高を卒業して1952年から母校の監督を4年間務めたのち、取手二高で、先生にも事務職員にもならずに監督を務め、ついに27年目に全国優勝させたという足跡は、自分の野球人生の鑑でもあったのです。対戦すれば、新聞社の対談やテレビの取材で木内監督と会う機会が出来る。その時には、ぜひ校外監督として高校野球を指導する極意を伺いたいと話していました。

やがて、試合当日。私は聞いてみました。

「木内監督は何と言ってくれましたか？」

すると、溝田監督は、

「『野球はあんただけにしておきなさい。奥さんを引きずり込んではいけないよ』と言われました」と答えたのです。

浩宮様の力いっぱいの始球式で始まった開幕第1戦は、19対1の大差で、常総学院が勝ちました。大量点差の試合は、リードされているチームの選手もつらいでしょうが、それを伝えるアナウンサーも苦心するものです。

両チームの関係者をゲストとして招いているテレビ放送席で、私は、小浜高校のゲストに、溝田監督が木内監督から聞いた校外監督の話を披露しました。

すると、反対側に座っていた常総学院のゲストの大峰真澄さん(現常総学院野球部長)が、

「木内監督は、自分が出来なかったことを言ったんですね」

とつぶやきました。

野球はあんただけにして……奥さんを引きずり込んではいけないよ……。

これだけでは、テレビを見ている人には何のことかわかりません。でも、それでい

いと私は思いました。わかる人だけにわかればいい。

木内監督の奥さんの千代子さんは、20年近く、取手のキリンビール工場で特用社員として働き、家計を支えていました。また、野球一筋の木内監督は、つい先年まで家賃6000円の市営住宅住まいだったのです。

でも、こうした詳細までを説明する必要はないと感じ、私は黙りました。甲子園の空気を胸いっぱいに吸い込みながら、小浜ナインは、早々と故郷へ帰りました。

この話には、後日談があります。

甲子園の試合日程が3回戦に進む10日目頃、私は、溝田監督からいただいた名刺に印刷されていた、長崎県千々石町の溝田衣料品店に電話をしてみました。

応答は、女性の声でした。

「溝田監督は…?」

「今日は新チームの練習試合で諫早《いさはや》に出かけました」

「奥さんですか」

「いいえ、店の者です」

「監督さんはお店の手伝いをよくされますか?」

「はい……。時々……」

受話器の向こうに、やや含み笑いが漏れ聞こえました。

私は、甲子園を支えている人がここにもいると感じました。

スポーツ指導者の言葉……
木内幸男監督の人心掌握術

よそのチームへのアドバイスも重要

「いや、強くならなくちゃ駄目なんだ。茨城県のチームが強くならなかったら、どこが代表になって甲子園に行っても勝てないんだよ」

茨城県の地方大会で、対戦相手の監督にアドバイスをしていることへの本意を問う質問に対する答え……

木内監督の人柄を伝えるのに、良いエピソードがあります。

1994年の秋に、常総学院と土浦三高との試合を土浦球場へ見に行ったときのことです。試合前にベンチをのぞいてみると、木内監督が「おー、来たかー」と出てきてくれました。私は、

「木内監督、これで選手にジュースでも買ってやってよ」と陣中見舞いを渡しました。すると木内監督は、

「心配すんな。取手と違って私立は金があっから、大丈夫なんだよ、西田さん」

と言いました。

「でも、受け取ってください」

と渡すと、監督は、その場で選手に見せて、

「おーい、NHKの西田さんがこんなもの持ってきてくれたから、お前らやっぱ勝たなきゃなんねえな」

と言いました。10年前と言ってることが同じで、面白いなと思いました。

しかし、面白いのはそれだけではありません。

普通なら、監督が受け取ったら、その場でマネージャーを呼んでこっそり預けるものです。しかし、そこでキャッチボールをしている選手が、「あの人は誰だろう?」と思ったり、まだ現役を退いて時間が経っていない私を見て、「どこかで見たことある人だなぁ」と気になったりしている選手もいるはずです。選手は、ウォーミングアップをしながらも、クエスチョンマークを抱えているわけです。ところが、その一言で選手たちのクエスチョンは全部解決してしまう。

と同時に、1人応援団が増えることになります。

こういう心の余裕。その一言を言うことによって、20人近くが安心できるのです。「ありがとうございまーす!」という選手の声を聞きながら、木内監督の心遣いに感銘を受けました。

そして、試合が始まりました。結果は、9対4で常総学院が勝ちました。

しかし、途中までは、6対4で競っていました。

常総学院は、7回か8回でワンナウト一・二塁。そこでバントをしてランナーを送り、ツーアウト二・三塁。

次の打者は、ショートで1番バッターです。

1番バッターでショートというのは、木内監督のチーム作りでは、強力な選手を置くのが通例となっています。仁志選手（巨人）も、1番ショートで起用されたときもありました。

しかし、相手チームの土浦三高の監督は、敬遠させずに勝負させました。結果はクリーンヒットを打たれて、2点追加。それで試合は決まってしまいました。その後、土浦三高はグズグズと崩れ、9対4で終わったのです。

私は、試合が終わってから、本部席の木内監督に挨拶に行きました。すると、その土浦の監督も来ていました。ちょっとお腹が出た、試合中も檄を飛ばしている、柔道の監督のような若い人でした。その人が木内監督に、

「ありがとうございました」と挨拶しているんです。

木内監督は土浦三高の監督に向かって、「いいチームになった」と褒めていました。褒めておいて、

「あのときは、バントをして送ってるんだから、あそこは勝負したら駄目だ。敬遠しなきゃ駄目だ」

と相手の監督に言っていました。相手の監督も直立不動で聞いていました。若い監督が礼をして部屋を出たあと、私は、なんと言っていいかわからず、

「木内さんも大変ですね。両方の監督やるなんて」と言いました。すると、

「あの監督の師匠は俺の先輩で、入院しているときに俺の手を取って言うんだよ。あれを一人前にしてくれって。先輩に頼まれてるんだよ」

「でも相手が強くなって負けたらどうするんですか?」

「いや、強くならなくちゃ駄目なんだ。茨城県のチームが強くならなかったら、どこが代表になって甲子園に行っても勝てないんだよ」

私は、そのときの様子を今でもよく覚えています。そのくらい印象的な出来事でした。ちなみに、それから時を経ずして、茨城勢は水戸商業が春の選抜で準優勝しました。茨城県勢の躍進は、木内監督にとっても良い刺激なのです。

その後、打ち合わせで木内監督と食事をしたときに、この印象的だった出来事のことを話題にしたことがあります。すると木内監督は、つい何日か前の練習試合で、またその監督と当たったことを話してくれました。

木内監督は、試合が終わったあとにその監督から、ウチの選手にもぜひ話をしてくれと呼ばれて、行ったそうです。すると、そこのチームの選手たちは、メモを取りながら、真剣に木内監督の話を聞いていたとのこと。

「うちの選手はあまり私の話を聞かないけど、よその選手の方がよっぽどよく聞いていた」

と、笑っていました。

スポーツ指導者の言葉……
木内幸男監督の人心掌握術

優等生になって卒業していった、木内監督の門下生たち

「私のための甲子園はどうでもよい。また子供たちを連れてくるところと思っています。ここは大変にいい教育の場でして、うちの選手は、ほとんどここで優等生になってくれました。素晴らしい球場でした」

「木内監督、甲子園はどういうところ、どういう存在ですか?」との問いかけに対して……

2003年5月、甲子園にはつながらない春の関東大会の最中に、木内監督は今季限りでの勇退を表明しました。

「今年の公式戦は自分が監督をやって、いい形で次に引き継ぎたい」と話し、その後は、長年のライバルだった茨城県立藤代高校の持丸修一監督（55歳）を招聘したいとまで話しました。

持丸監督は、竜ヶ崎一高、藤代高校を指揮して、木内監督と甲子園への道を競った人物です。木内監督が取手二高を指揮し、甲子園で初優勝した1984年の夏、茨城県大会の決勝で戦った竜ヶ崎一高の監督でもありました。

持丸監督を後任に指名したのちの2003年夏の茨城県大会の決勝では、再びその持丸監督が指揮を執る藤代高校と対戦するという、劇画の甲子園物語のような展開になりました。

2003年夏の甲子園、第85回大会での常総学院は、1回戦で大分・柳ヶ浦高校に

2対1、2回戦では、9年前、春の選抜の決勝戦で敗れた智弁和歌山に6対3、3回戦は静岡高校に7対0と勝ち進みました。

前半は台風の影響で試合日程が何度も変更になりましたが、後半に入ってからは、暑い甲子園が戻ってきました。準々決勝では佐賀・鳥栖商業と10年ぶりに顔を合わせ、5対1で勝って準決勝に進みました。

4年前の優勝校、群馬・桐生一高との準決勝では2度リードされましたが、そのたびにすぐ追いついて試合の主導権を取り返し、6対2で勝利。

いよいよ決勝戦で、宮城・東北高校と、一本しかない優勝旗を争うことになりました。

東北高校には、ダルビッシュ投手の194センチの長身から繰り出す速球という武器があります。常総打線は、早めのカウントから向かっていきました。2点リードされた4回表に、3本の長打で3点を奪って逆転しました。

ハイライトは7回の守りです。二死満塁と逆転のチャンスを迎えた東北高校、4番横田選手の当たりは、ショート右への痛烈なライナーでした。テレビを見ていた人が、画面の切り替えで一瞬打球が消えたために「ヒット！」と思ったその瞬間、常総のショート坂選手が出したグラブに打球が収まるシーンが映りました。二死満塁です。抜けていれば、当然二塁ランナーも生還する逆転打となったでしょう。

2点リードされた3回の無死二塁というピンチで救援した飯島投手が9回まで投げきって、常総学院は4対2で東北高校を敗って、夏の甲子園で初優勝したのです。

木内監督個人にとっては取手二高で優勝して以来、19年ぶり2度目の夏の甲子園、全国高校野球選手権大会での優勝でした。

木内監督は、試合後のインタビューで、7回二死満塁のピンチについて聞かれると、「同点でも、まだ陽が高いから（まだ時間はあるから）と腹はくくっていましたが、ついていますよ。打球は正面に飛ぶし……。どうして私の最後の夏に、こんなにつくんだろう……。もう何も人生には残ってないような気がします」

と答えています。

また、

「木内監督、甲子園はどういうところ、どういう存在ですか?」

という質問には、

「子供たちを一人前にするところで、野球の選手としても、人間としても、一人前にするところと思っています。私のための甲子園はどうでもよい。また子供たちを連れてくるところと思っています。ここは大変にいい教育の場でして、うちの選手は、ほとんどここで優等生になってくれました。素晴らしい球場でした」

と結んでいます。

スポーツ指導者の言葉……
木内幸男監督の人心掌握術

木内マジックとは？
普段からの
会話による
方向づけ

「甲子園に来て技術を云々しても駄目なのです。この球を打つにはこうしてああしてと教えても、出来ないものが出来るわけがない。いかに選手の気持ちを作ってやるかが大切」

「木内マジックとは?」との問いかけに対して……

インタビューについて、木内監督は1995年の対談でこう語っています。

「試合に勝って、校歌を聴いて、ああ勝ったと体中から力が抜けて、通路を通って戻ってくると、いきなり高い台に上げられて、パーッとライトを照らされて、マイクを向けられた時点で何の防御もありません。頭に浮かんだことをポンポンと喋ってしまうのです。後で文字になったものを見てゾッとしたことが何度もあります」

2003年夏の準々決勝・鳥栖商業との試合で、木内監督率いる常総学院は、6回二死走者三塁でセーフティバントを決めて（記録はヒット）5点目をあげ、他にもバントヒットが1本、さらに3犠打とバント攻撃を重ねて5対1で勝ちました。

この試合後のインタビューでは、

「（今年のチームの）夏の最後の野球で、こんなにバントやっていいかなと思うのですが……勝たせるためには、ああしなくてはいけなかったのです。反省しています」

と話しています。その後の試合では、常総のバントは半減しました。

東北高校のダルビッシュ投手と対決する決勝戦を前にしてのインタビューでは、

「打ち崩せる投手ではない。勝ちパターンに入ったらしゃにむに勝ちにいく。それまでは高みの見物でいきたい」

と話し、試合でも、前半はどの打者もファーストストライクから打って凡退していました。

そして4回、2巡目の打席で3本の長打が飛び出して一挙3点で逆転し、後は守りきったのです。

試合後に、木内監督は、

「1点ずつというのも野球ですが、バッターにバッティングをさせて、タイミングを取らせようとしました。いずれ3点くらいいっぺんにと思っていましたが、その通りになりました。（普段は）こんな絵に描いたようにはできません」

と自画自賛とも取れる話をしていますが、試合前の言葉に、駆け引きはありません。望んだ通りの展開と勝因を素直に語っています。

確かに木内監督のインタビューの答えは、用意されたものだけとは思えない、ウィットに富んだものがあります。質問と自分の答えの流れを掴むと、アドリブで対応してくるのです。世に言われている〝木内マジック〟というよりは、監督自身の本音が聞こえてくるようです。

「木内マジックとは？」と聞かれて、木内監督は、

「やはり会話なのです。甲子園に来て技術を云々しても駄目なのです。この球を打つにはこうしてああしてと教えても、出来ないものが出来るわけがない。いかに選手の気持ちを作ってやるかが大切。この試合の意義、がんばる目標、いかに戦うかという気持ちを作ることです。監督としては、もっと技術指導をしたいので淋しいですが、それは無駄になります。方向づけをすることが一番です」

と答え、選手との「会話」の価値を強調しています。

おわりに

まだ72歳……。

確かに、この監督術を惜しむ声は多いです。甲子園の開幕前に、木内監督は、

「ベンチからの指示はまだまだやれるけど、選手を育てる根気が失せた」

と語りました。

テレビに映る指揮官としての高校野球監督よりも、選手に基礎を教えて育てる、根気のいる仕事が高校野球指導者の本分だと心得ている人の言葉であると、私は、敬服して止みません。

スポーツには中身がいっぱい詰まっています。そのどこを切り取っても、興味は尽

きません。

残念なことに、スポーツは勝敗が優先します。勝てば官軍ではないが、勝負で敗れた側には、マイクもカメラもペンも向かない。取り上げられても、まず「感傷の壁」が立ちはだかるものです。

勝敗は別として、スポーツ人の持つ感性は素晴らしいものであると思います。永遠に目標が進歩しているからです。

金持ちは、金を使わなければ財産は減りません。しかし、チャンピオンは、チャンピオンになった瞬間から、もう目標として追われる存在なのです。

葛藤の渦の中に生きる者が持つ鋭さ、逞しさ、したたかさ……ときに見せる温かさ、ユーモア、そして表現……。どれを取っても面白いし、その面白さをもっと多くの人に知ってもらいたいと思っています。そして、多くの人がその奥深さを知ったとき、そのときこそが、スポーツが文化だと胸を張って言える時代へのスタートとなるのだと信じています。

Extra

ちょっとしたデータ

有森裕子
イチロー
木内幸男

日本の女子マラソンランナー（タイム順）

順位	記　録	選　手　名	コ　ー　ス	年　月
1	2:19:46	高橋尚子	ベルリン	2001.9
2	2:21:18	野口みずき	大阪国際女子	2003.1
3	2:21:22	渋井陽子	シカゴ	2002.10
4	2:21:45	千葉真子	大阪国際女子	2003.1
5	2:21:51	坂本直子	大阪国際女子	2003.1
6	2:22:12	山口衛里	東京国際女子	1999.11
7	2:22:46	土佐礼子	ロンドン	2002.4
8	2:22:56	弘山晴美	大阪国際女子	2000.1
9	2:23:30	小崎まり	大阪国際女子	2003.1
10	2:23:43	大南敬美	ロッテルダム	2002.4
11	2:24:33	松岡理恵	パリ	2002.41
12	2:25:14	小幡佳代子	大阪国際女子	2000.1
13	2:25:52	高橋三代子	ロッテルダム	1994.4
14	2:26:01	松尾和美	名古屋国際女子	2001.3
15	2:26:03	伊藤真貴子	ロッテルダム	1997.4
16	2:26:09	藤村信子	大阪国際女子	1994.1
17	2:26:09	阿部友恵	大阪国際女子	1994.1
18	2:26:10	浅利純子	大阪国際女子	1994.1
19	2:26:11	堀江知佳	北海道	2002.8
20	2:26:17	大南博美	ロッテルダム	2003.4
21	2:26:21	岡本幸子	名古屋国際女子	2001.3
22	2:26:26	吉田光代	大阪国際女子	1994.1
23	2:26:26	山本佳子	ボストン	1992.4
24	2:26:26	小鴨由水	大阪国際女子	1992.1
25	2:26:27	鈴木博美	大阪国際女子	1996.1
26	2:26:32	橋本康子	ベルリン	2003.9
27	2:26:37	後藤郁代	大阪国際女子	1996.1
28	2:26:39	有森裕子	ボストン	1999.4
29	2:26:54	原　万里子	大阪国際女子	1997.1
30	2:27:01	下司則子	名古屋国際女子	2001.3
31	2:27:01	岡本治子	大阪国際女子	2002.1
32	2:27:02	松野明美	大阪国際女子	1992.1
33	2:27:02	市橋有里	セビリア	1999.8

2003年11月現在

女子マラソン・五輪歴代メダリスト及日本代表選手の成績

開催地	西暦	金メダル	銀メダル	銅メダル	日本代表選手の成績
ロサンゼルス	1984年	J・ベノイト アメリカ 2:24:52	G・ワイツ ノルウェー 2:26:18	R・モタ ポルトガル 2:26:57	19位佐々木七恵（エスビー食品）2:37:04 増田明美（川崎製鉄）途中棄権
ソウル	1988年	R・モタ ポルトガル 2:25:40	L・マーチン オーストラリア 2:25:53	K・ドーレ 東ドイツ 2:26:21	25位浅井えり子（日本電気NE）2:34:41 28位荒井久美（京セラ）2:35:15 29位宮原美佐子（旭化成）2:35:26
バルセロナ	1992年	V・エゴロア EUN 2:32:41	有森裕子 日本 2:32:49	L・モラー ニュージーランド 2:33:59	2位有森裕子（リクルート）2:32:49 4位山下佐知子（京セラ）2:36:26 29位小鴨由水（ダイハツ）2:58:18
アトランタ	1996年	F・ロバ エチオピア 2:26:05	V・エゴロア ロシア 2:28:05	有森裕子 日本 2:28:39	3位有森裕子（リクルート）2:28:39 12位真木　和（ワコール）2:32:35 17位浅利純子（ダイハツ）2:34:31
シドニー	2000年	高橋尚子 日本 2:23:14	L・シモン ルーマニア 2:23:22	J・チェプヴェンバ ケニア 2:24:45	1位高橋尚子（積水化学）2:23:14 7位山口衛里（天満屋）2:27:03 15位市橋有里（住友VISA）2:30:34

イチローの成績

日本プロ野球

年度	試合数	打数	安打	二塁打	三塁打	本塁打	打点	三振	四球	盗塁	打率
1992	40	95	24	5	0	0	5	11	3	3	0.253
1993	43	64	12	2	0	1	3	7	2	0	0.188
1994	130	546	210	41	5	13	54	53	51	29	0.385
1995	130	524	179	23	4	25	80	52	68	49	0.342
1996	130	542	193	24	4	16	84	57	56	35	0.356
1997	135	536	185	31	4	17	91	36	62	39	0.345
1998	135	506	181	36	3	13	71	35	43	11	0.358
1999	103	411	141	27	2	21	68	46	45	12	0.343
2000	105	395	153	22	1	12	73	36	54	21	0.387
合計	951	3619	1278	211	23	118	529	333	384	199	0.353

アメリカメジャーリーグ

年度	試合数	打数	安打	二塁打	三塁打	本塁打	打点	三振	四球	盗塁	打率
2001	157	692	242	34	8	8	69	53	30	56	0.350
2002	157	647	208	27	8	8	51	62	68	31	0.321
2003	159	679	212	29	8	13	62	69	42	34	0.312

木内監督の甲子園での全戦績

	年　度	春夏	回　戦	対戦高校	勝敗	スコア	
1	昭和52年	夏	1回戦	掛川西	○	4－1	取手二高時代戦績
2			2回戦	宇都宮学園	●	1－3	
3	昭和53年	夏	1回戦	岡山東商業	●	1－3	
4	昭和56年	夏	1回戦	鎮西	●	1－2	合計
5	昭和58年	春	1回戦	泉州	●	5－6	春2勝2敗
6	昭和59年	春	1回戦	松山商業	○	8－4	夏6勝3敗
7			2回戦	徳島商業	○	4－2	計8勝5敗
8			準々決勝	岩倉	●	3－4	
9		夏	2回戦	箕島	○	5－3	
10			3回戦	福岡大大濠	○	8－1	
11			準々決勝	鹿児島商工	○	7－5	
12			準決勝	鎮西	○	18－6	
13			決勝	ＰＬ学園	○	8－4	
14	昭和62年	春	1回戦	明石	●	0－4	常総学院時代戦績
15		夏	1回戦	福井商業	○	5－2	
16			2回戦	沖縄水産	○	7－0	
17			3回戦	尽誠学園	○	6－0	合計
18			準々決勝	中京	○	7－4	春11勝4敗
19			準決勝	東亜学園	○	2－1	夏21勝8敗
20			決勝	ＰＬ学園	●	2－5	計32勝12敗
21	昭和63年	夏	1回戦	小浜	○	19－1	
22			2回戦	浦和市立	●	2－6	
23	平成1年	夏	1回戦	福岡大大濠	●	1－4	
24	平成4年	夏	2回戦	佐世保実業	●	3－4	
25	平成5年	春	2回戦	宇和島東	○	9－3	
26			3回戦	東筑紫学園	●	4－6	
27		夏	1回戦	鳥栖商業	○	11－1	
28			2回戦	近大付属	○	4－1	
29			3回戦	鹿児島商工	○	1－0	
30			準々決勝	小林西	○	6－3	
31			準決勝	春日部共栄	●	3－5	
32	平成6年	春	1回戦	岡山理大付属	○	3－0	
33			2回戦	高知商業	○	2－0	
34			準々決勝	姫路工業	○	6－2	
35			準決勝	桑名西	○	13－3	
36			決勝	智弁和歌山	●	5－7	

37	平成10年	春	2回戦	岩国	○	9－2	
38			3回戦	明徳義塾	●	4－5	
39		夏	2回戦	近江	○	10－3	
40			3回戦	宇和島東	○	4－2	
41			準々決勝	京都成章	●	4－10	
42	平成13年	春	1回戦	南部	○	8－7	
43			2回戦	金沢	○	4－1	
44			準々決勝	東福岡	○	4－2	
45			準決勝	関西創価	○	2－1	
46			決勝	仙台育英	○	7－6	
47		夏	1回戦	上宮太子	○	15－4	
48			2回戦	秀岳館	●	0－3	
49	平成14年	夏	1回戦	宇部商業	○	3－2	
50			2回戦	柳川	○	3－0	
51			3回戦	明徳義塾	●	6－7	
52	平成15年	夏	1回戦	柳ヶ浦	○	2－1	
53			2回戦	智弁和歌山	○	6－3	
54			3回戦	静岡	○	7－0	通算 春13勝6敗 夏27勝11敗 計40勝17敗
55			準々決勝	鳥栖商業	○	5－1	
56			準決勝	桐生一	○	6－2	
57			決勝	東北	○	4－2	

全国高校野球選手権
監督別勝利数順位（甲子園での勝利数ランキング）

順位	監督名	所属高校名（地区）	勝利数(春、夏)	優勝回数
1	中村順司	ＰＬ学園（大阪）	58（31,27）	6
2	高島　仁※	智弁学園（奈良）、智弁和歌山（和歌山）	46（20,26）	3
3	木内幸男	取手二高（茨城）、常総学院（茨城）	40（13,27）	3
4	前田三夫※	帝京（東京）	38（16,22）	3
5	蔦　文也	池田（徳島）	37（21,16）	3
6	渡辺元智※	横浜（神奈川）	35（16,19）	4
6	尾藤　公	箕島（和歌山）	35（22,13）	4

※は現役

85回大会（2003年夏）まで通算

木内幸男年譜（概要）

西暦	和　暦	主　な　功　績　等	年齢
1931年	昭和6年	茨城県土浦市に生まれる（7月2日生まれ）。 野球ファンの父親の影響を受け、戦時中もボールで遊びながら育った。	
1946年	昭和21年	県立土浦一高に入学、野球部に所属。	15歳
1949年	昭和24年	県立土浦一高卒業後、母校の野球部を指導。	18歳
1951年	昭和26年	県立土浦一高のコーチに就任。	20歳
1952年	昭和27年	県立土浦一高の監督に就任。慶大、阪神で活躍した安藤統夫を育てる。	21歳
1957年	昭和32年	県立取手二高の監督に就任。	26歳
1977年	昭和52年	取手二高監督、20年目にして甲子園初出場。	46歳
1984年	昭和59年	夏の甲子園決勝でPL学園を延長10回8-4で下して初優勝。 同年秋に常総学院の監督に就任。	53歳
1987年	昭和62年	夏の甲子園決勝でPL学園に敗れて準優勝。	56歳
1994年	平成6年	春の甲子園決勝で智弁和歌山に敗れて準優勝。	63歳
2001年	平成13年	春の甲子園決勝で仙台育英を7-6で下して選抜初優勝。	69歳
2002年	平成14年	夏の甲子園3回戦で明徳義塾に6-4とリードした8回裏二死無走者から三塁手の悪送球、二死一塁で同点本塁打、次打森岡に逆転本塁打を打たれ7-6と惜敗。 明徳義塾は初優勝。	71歳
2003年	平成15年	5月、今年限りで勇退すると表明。 7月、茨城県大会優勝(自身春夏20回目の甲子園出場決定)。 8月、今夏限りと勇退表明。常総として夏の甲子園初優勝(自身は３度目の全国制覇)。	72歳

Extra

NHKサンデー・スポーツ
スペシャル・
インタビュー
木内幸男（常総学院野球部監督）

2003年8月24日NHKサンデースポーツ／スペシャルインタビューより

聞き手　　　　堀尾正明

「セオリー通りやったら駄目なんです。裏をかく野球をやらざるをえないのです」

バント攻勢かと思えば一転してヒッティング、控え選手を大胆につぎ込む選手起用、木内マジックという大胆な采配で常総学院を頂点に導きました。

監督生活は実に50年を数えます。

しかし意外なことに甲子園初出場には苦しみました。

21歳で監督になって以来、20年以上甲子園とは無縁。初出場は昭和52年、取手二高。監督生活25年目の悲願達成でした。その後は一転、甲子園の顔になります。

26年間で春夏合わせて20回の出場、通算勝利数は歴代3位の40勝、本大会が最後の甲子園と宣言して臨んだ名伯楽・木内幸男監督・72歳に迫ります。

Q：今大会が最後と宣言して臨んだ大会で優勝、また3度の優勝ということであらためて今の心境ということでいかがでしょうか？

A：そうですね、絵に描いたように出来まして、幸せこの上なしということで満足感でいっぱいですよ。

Q：ウイニングボールを初めてもらったそうですけど、それは今どこにありますか？

A：家の方に荷物の中に入れて送りました。

Q：今年のチームは強くないと終始おっしゃっていましたが、最後の大会でもありますし、優勝は最初から相当意識されていたんではないですか？

A：そうですね。12の力を出す子供たちでしたので、それさえ出るとある程度まではやれるなあと思っていました。

Q：そうですか。私も意外だったんですが、木内さんの監督生活50年間の中で、前半の24年間は一度も甲子園に行かれたことがない、これはどうしてですか？

A：そうですね。甲子園を狙わなかったからでしょうね。甲子園というのは夢のまた夢でしてね、行けるという意識を全く持たなかったですね。そして、またもちろん甲子園を狙う学校ではありませんでしたので、野球の目的が違うのです。人間教育であり、また男の子の存在を示す取手二高であったりという環境にいましたので、県大会でベスト4までいって「よくやったー」で終わりになっちゃう学校でしたから…。

Q：何がきっかけで甲子園を狙うことになったのですか。

A：ひょんなことで、狙っていないのに子供たちががんばって結果的に出場ということになって…。その時に辞めようと思ったのですよ、俺では勝てないからと…。一緒に卒業するよと言ったら子供たちが勝ってくれまして、甲子園に連れていってくれました。甲子園て素晴らしいところだなーと帰ってきまして、次の代の子供たちが、親御さんたちもついてきてくれて、家の子どうしてくれるんだとなって、じゃーもう1年と言ったらまた行けたのですよ。俺でも行けるんだということになりまして、そこで目覚めた。ずいぶん歳の遅い目覚めですよ（笑い）。四十になってからですからね。

Q：取手二高で初出場してから目覚めたのですね。

A：そうですね。

Q：目標とする監督さんとか、あの学校のこの野球が理想だという具体的なものは、今までの50年間の中で何かありましたでしょうか？

A：やっぱり野球というのは人の真似ではなくて、監督業は、自分で生徒を見て作り出すもんだと思っています。ただ、理想的には蔦さんみたいにベンチで斜に構えてレフトスタンドを指さすような監督になりたいと思いましたね。

Q：そのようになりましたね。

A：なりません。絶対なりません（笑い）。私は動の監督でしてね、動き回るのですよ。最近はどちらかというと一投一打に腰を上げているんですがね。でも歳ですから…。なるべく落ち着いた振りをしているだけで。本来は出来るだけ動き回りたい、動いた方が子供たちにリズムの出るようなチームに持ってきたような気がしますね。

Q：試合の具体的なことを伺いたいのですが、試合によってバントを多用したり、昨日の決勝のようにヒッティングさせてみたり、相手によって作戦を変えてきますよね。それは、研究されているんですよね、当然。

A：研究もありますけど、グラウンドコンディション、風の状況、そういうこともあって作戦が変わるんですよ。……バントを多用した準々決勝は、夕立の後でグラウンドが湿っているんですよ。雨が降るとグラウンドの質が変わるので甲子園独特の弾む打球が出にくくなる。そういう意味で内野ゴロが跳ねにくいのです。そうするとサードからホームに走者がかえってこれなくなってしまう。ですからあそこは、バントするしかなかったのです。

Q：今大会は打つ手打つ手がズバズバ当たりました。作戦に自信を持ってこられたのですね。

A：いえいえ（笑い）。非常に監督に恥をかかせない子供たちにめぐり会いましてね。何をやっても大丈夫というようなチームになってきましてね。甲子園に出場して大変子供たちが成長したんではなかろうか。またこうすれば勝てると子供たちが信じてくれますね。ですから作戦を待ってましたと的中させてくれるんではなかろうか。監督として恵まれているなと思っていますがね…。

Q：木内さんとして嫌いなプレーはどんなプレーですか。

A：自分さえよければいい、自分勝手な、自分だけが目立ちたいというプレーですね。野球は9人でやりますから、自分一人だけ勝手なことをやると歯車が狂ってしまうんです。実際のところ準決勝で一つあったのです、そういうプレーが…。準決勝、甲子園であっても怒鳴りつけましたから…。地球の裏にベースボールと違う野球があるよと、野球というのを教えだと思っています、子供たちに…。要するにフォア・ザ・チームというものから自分の物を作り出すというのは大学やプロにいってからのもので、高校時代は皆で力を合わせてという風にと思っているんですが、少し古いんでしょうかね…。

Q：ここまで監督を続けてこられた高校野球の魅力とは何でしょう?

A：やったらやっただけの結果が出ますもんね。ですから、こんな職場はないんではないでしょうか。いくらやっても大きな会社は動かせない、高校野球は、一人が情熱を傾けることで受け入れてくれれば大きな成果を上げることができるということを身をもって体験しましたし、少しやんちゃ坊主を受け持ってもチームのためにイイ子になる。イイ子とは色々あるでしょうけど、ともかく道から外れることのない子供たちになってくれることは嬉しいですね。

Q：勇退されると宣言されたこの大会で見事優勝、いかがですか。もう少し続けようかなーと思ってませんか。

A：いえいえ、それは今年あたりは確かに健康ですから続けられると思っています。しかし、いったん病気して1～2か月入院したら元の監督には戻れない。気力が萎えてしまう。そしたら子供が可愛そうだ。病気をしないうちに引いてしまおうと思っています。

Q：今は何を一番したいですか。

A：そうですね。一人になりたいですね(笑い)。

Extra

有森裕子・イチロー・木内幸男

三人それぞれの
こころ溢れる語録集

苦しくなったら
苦しみを味わえるだけ、
生きてられるんだな、
うれしいと感じたときは、
またよろこびを感じられるんだな、
と思いながら走っていました。

1995年8月27日　バルセロナ・オリンピックから
3年ぶりの復活レースとなった北海道マラソンで
優勝のゴールをした直後の言葉

割と思ったより新鮮な気持ち。

久しぶりのマラソンというか、初マラソンを走る気持ちです。

1999年4月16日　ボストン・マラソン前の公式記者会見にて

最初抑えていたロバさんも、どんどん出ていったが、自分はオーバーペース気味なので、16キロからは一人旅を続け、ペースとフォームを気にして走りました。

1999年4月19日　ボストン・マラソンで自己記録を更新して3位で入賞したあとのインタビューで

アトランタ後、半分逃げていましたね。

でもこれで割り切れた。


（32歳になっても）

まだまだやれることがわかった。

実はレースが不安だった。

1999年4月19日　ボストン・マラソン後の記者会見で

（シドニー五輪を前にして）

いいスタートが切れた。

でもやっぱり一番でないと
駄目ですね。

1999年5月4日　一時帰国したとき成田空港で行った記者会見での記者の質問に対して

今までレースに対して難しく考え、
スペシャルなものとしてとらえてきたことが、
あっ、たいしたことがないな、
という風に見えるようになってきたんです。
競技を特別でなく普通のものとして、
自分の心の中のいい位置に持ってこられたのは、
自信が生まれたからだと思います。

1999年9月15日　朝日新聞のインタビュー記事より
（「移住、結婚、プロ化　新しい自分に挑戦しようとする有森裕子」）

日本の取材陣が見ているのは、結果であって、私が何をしたかではない。もし強い当たりを打ち、その打球が捕られたらスランプになる。良い当たりでなくてもヒットになれば、彼らは良かったと思う。

シアトルの地元紙に語った日本取材陣に関するコメント　2001年3月14日朝日新聞の記事より

驚くことはないと思う。でも、普通ではない。その間くらいかね。負けた次の日でも、特別なことはしない。その日のうちに反省をして、そして、次の日が始まりますから。

2001年5月18日　「マルチヒット」と呼ばれる1試合2安打以上が7試合続いて、球団記録に並んだ試合のあとの記者会見で

われわれプレーヤーは
自分自身のために
野球をしているわけですが、
同時に、ファンの人たちも僕が
オールスターゲームで
プレーするのを見たいと
思っていてくれるわけで、
僕はいま、気持ちが変わりはじめています。
ぼくはファンに愛されているので、
いま彼らのためにプレーしたいと思っています。

2001年6月18日　米国KIRO局”マリナー・トーク“で。オールスターゲームのファン投票において、どのプレーヤーよりも多くの票を得たことに満足しているかと聞かれて
(「イチローUSA語録」集英社新書より)

クールそうに装っていますが、
本当はものすごくうれしいんです。
いろいろな重圧の中でゲームすることが肥やしになる。
自分が成長している実感も持てます。
これから安定したプレーが出来る状態をつくっていきたい。

2002年9月22日　1954年以来7人目となる2年連続での200安打を達成したあとの記者会見で

（松井選手は）
ニューヨークですごい数のメディアが
追いかけている中で、
独身でいろいろなことが大変だと思うけど、
それでもオールスターに選ばれるだけの
成績を残すのは素晴らしい。
すごい選手だと思う。

2003年7月14日　大リーグ・オールスター戦を前にした出場選手全員の記者会見のときの米国メディアからの質問に対して

まだ実感がわかない。
選手たちには自分たち上級生が（2年生の）
桑田に負けられない、という意地があった。
うちには気の強い選手が多いので…。
中島の本塁打？　本日ただ一本シンに当たったのが本塁打になるとは。
今日はベンチの中で、おこったり、すかしたり、
楽しませてもらいました。

1984年8月21日　夏の全国大会決勝戦でPL学園を敗って優勝したあとのインタビューで

ＰＬ相手によく勝てた。
火事場のバカ力です。
今のチームは、いい素材がそろい、
１年生の時から勝つマシンとして
育てあげてきた。私の最高傑作です。

１９８４年８月21日　夏の全国大会表彰式後の記者会見で

勝ちたい気持ちが強くて、
こんな試合展開になってしまったけれど、勘弁してください。
1位と2位では全く違うんですから。
こんな勝ちたい野球は久しぶりでした。

2001年4月4日　選抜大会決勝戦で仙台育英に7対6で勝ったあとのインタビューで

マジック？　いやいや、必死ですよ。
強くないのに期待が大きいから…。

2002年8月11日　夏の全国大会1回戦、宇部商業に勝ったあとのインタビューで

試合を指揮することは出来るが、チームを作り上げる根気が衰えてきた。

2003年7月26日　茨城大会決勝の試合後の記者会見で

「通算三十五勝目？　いやいや、ただ古いだけですよ。はい、古いだけの話ですよ。いっぱい負けてもいるんですから…。

2003年8月11日　夏の全国大会1回戦、柳ヶ浦高校を敗ったあとのインタビューで

打てねぇ時は、ああして点を取るのが甲子園。
結局俺はせっかち。ジッとしていられなくてついサイン出しちゃった。

2003年8月20日　夏の全国大会3回戦、静岡高校を敗ったあとのインタビューで

私がバントばかりやらせてきたから、打撃が小さくなっていたしね。
本来の野球を思い出してもらおうと思った。
三振する勇気を持て、とも言ったんだ。

2003年8月22日　夏の全国大会準決勝、桐生第一高校に勝ったあとのインタビューで

最後の夏にこんなについていいのかな。
今後の人生は残っていないような気がします。
二度とこんなチームに巡り会えませんよ。

2003年8月23日　夏の全国大会決勝、東北高校を敗ったあとのインタビューで

甲子園では涙が出なかったけど、今は涙が出そうだ。
こんな権威のある賞を頂戴して、これから生きていくのが辛い。
普通のオジさんに戻りたい。

2003年8月27日　水戸市内県民ホールでの県民栄誉賞授与式で

（国体後に）小学校や中学校から
要請があれば、
野球指導のボランティアができる。
これが高野連への恩返し。

2003年10月1日　常総学院での記者会見で

著者紹介

西田善夫（にしだよしお）

1936年東京都生まれ。'58年早稲田大学卒業、同年NHK入局。プロ野球・高校野球の実況、サンデースポーツのキャスターなどを担当し、特にオリンピック放送は夏冬合わせて10回の実況、2回の解説・キャスターを務め、スポーツアナでは初のNHK解説委員を兼務。わかりやすい解説で親しまれ、'96年定年退職後も解説委員として番組に出演。'98年に'02年のワールドカップ・サッカー（W杯）決勝戦会場となった横浜国際競技場の初代場長に就任。W杯の成功に精力を注ぎ、'02年9月惜しまれながら場長を引退。現在はスポーツ・アナリストとして執筆・講演等で活躍するほか、東京都北区教育委員等の公職に就いている。
主な著書／「オリンピックと放送」「スポーツが面白くなる見方」「話し上手は聞き上手」ほか。

スポーツと言葉

検印省略　

2003年11月30日　　初版 第一刷発行

著　者　西田善夫《にしだよしお》
発行人　橋本雄一
発行所　株式会社体育とスポーツ出版社
〒101-0054 東京都千代田区神田錦町2-9　大新ビル
TEL　03-3291-0911
FAX　03-3293-7750
振替口座　00100-7-25587
http://www.taiiku-sports.co.jp
印刷所　図書印刷株式会社

落丁・乱丁本はお取り替えいたします。
ISBN4-88458-113-X C0075
定価はカバーに表示してあります。